RECHERCHES

SUR LE CHEF DE SAINT BERNARD

DE 1153 A 1865

RECHERCHES

SUR LE

CHEF DE SAINT BERNARD

DE 1153 A 1865

PRINCIPAUX FRAGMENTS AUTHENTIQUES

PAR M. L'ABBÉ CHARLES LALORE

Ancien Professeur de Théologie au Grand-Séminaire de Troyes

TROYES

CHEZ LES PRINCIPAUX LIBRAIRES

1878

RECHERCHES

SUR LE

CHEF DE SAINT BERNARD

DE 1153 A 1865

PRINCIPAUX FRAGMENTS AUTHENTIQUES

PAR M. L'ABBÉ CHARLES LALORE

Ancien Professeur de Théologie au Grand-Séminaire de Troyes

TROYES

CHEZ LES PRINCIPAUX LIBRAIRES

1878

Veneremur eos in sæculo quos defensores habere possumus in futuro.

(*S. Maximi Taurin.*)

I. Le Chef de saint Bernard.

Saint Bernard, mort en odeur de sainteté le 20 août 1153, fut canonisé le 18 janvier 1174. A cette occasion le corps du saint abbé de Clairvaux fut solennellement *levé* de terre, enveloppé dans un linceuil recouvert de soie, et enfermé dans un cercueil de plomb, en attendant de plus grands honneurs. Quatre ans plus tard avait lieu la seconde élévation du corps saint ; les reliques furent authentiquement reconnues par Guichard, archevêque de Lyon, accompagné d'un grand nombre d'évêques, d'abbés et de prêtres, et le cercueil de plomb, après avoir été refermé et scellé, fut déposé dans un tombeau-autel d'une grande magnificence, dû à la générosité et à la piété de Henri, septième abbé de Clairvaux (1). Ce

(1) Voir notre *Trésor de Clairvaux*, p. 34, 185 ; et notre travail sur les *Reliques des trois tombeaux saints de Clairvaux*, p. 9-11.

tombeau conserva à peu près intégralement tous les ossements de saint-Bernard jusqu'à la Révolution (1). Au mois de mai 1793, le Directoire de l'Aube fit ouvrir le cercueil de saint Bernard et les reliques qu'il renfermait furent transférées dans l'église de Ville-sous-la-Ferté (Aube), où elles sont encore probablement en majeure partie (2).

Outre les ossements de saint Bernard, fidèlement conservés dans le tombeau-autel, une relique insigne était vénérée dans un reliquaire particulier. Vers 1332, le chef de saint Bernard, détaché du corps, avait été déposé dans un buste, représentant le saint Abbé. Ce reliquaire, fait aux frais de Jean d'Aizanville, abbé de Clairvaux, était un chef-d'œuvre d'orfèvrerie en argent doré, ciselé, et orné d'émaux et de pierres précieuses. Le donateur avait voulu que le reliquaire ne fut pas trop indigne de la relique qu'il devait contenir et que nous allons faire connaître.

Un des historiens de saint Bernard, le vénérable Geoffroi, s'écrie : « Bienheureux, ô notre Père, bienheureux ceux qui vous ont vu ! » On voudrait contempler cette tête admirable, siége d'une intelligence si belle et si puissante ; ce front calme et illuminé que sillonnent des rides profondes ; ces yeux si doux, passionnément fixés au Ciel ; ce visage amaigri par les mortifications sur lequel se reflète toute la beauté d'une âme transfigurée ; cette bouche rendant des oracles et d'où s'échappe la parole imprégnée de feu, de lumière et de parfum, pleine de vie et de puissance, qui retentit avec une autorité magistrale dans l'Eglise,

(1) *Pièces justif.*, I.
(2) *Reliques des trois tombeaux saints de Clairvaux*, p. 34-54.

les conciles, les cloîtres et au milieu des foules ; ces lèvres d'où découle la prophétie, qui donnent des leçons aux pontifes et aux princes, des avertissements aux pécheurs et des conseils aux saints, qui apaisent les troubles et réunissent les esprits divisés, et dont un souffle entraîne les peuples aux croisades et fait trembler les dominateurs de l'Orient. Telle est, d'après la tradition écrite, la figure morale de saint Bernard. On s'explique donc les travaux entrepris pour restituer la *vera effigies* de l'illustre abbé de Clairvaux (1). Afin de réaliser ce dessein, pourquoi ne s'est-on pas aidé de la tête de saint Bernard, presque intégralement conservée dans le reliquaire de Clairvaux jusqu'à la Révolution ?

Maintenant nous ne connaissons ce chef vénérable, tel que la mort l'a fait, que d'une manière très-incomplète, et par un texte seulement. On lit dans l'inventaire de Clairvaux, rédigé en 1741 par dom Guyton : « Ce chef (de saint Bernard) est long, le front est peu élevé, l'occiput assez relevé, point de mâchoire inférieure (2). » On sait que la mâchoire inférieure n'est pas considérée en anatomie comme faisant partie du chef auquel elle n'est pas soudée. Aussi, lorsqu'en 1332 la tête de saint Bernard fut tirée du cercueil, on y laissa la mâchoire inférieure. Elle fut retrouvée en 1793 lorsque la Commission d'exhumation fit ouvrir le tombeau de saint Bernard, comme nous le dirons plus bas

Le chef de saint Bernard demeura dans son reli-

(1) J. Pien., *Commentar. præv. de S. Bernardo*, § LIII. Boll., *Acta SS.* t. IV aug., p. 223.

(2) *Trésor de Clairvaux*, p. 5.

quaire, en tranquille possession des témoignages de la vénération publique, jusqu'à la Révolution (1).

En vertu de l'arrêté du 29 septembre 1789, concernant l'argenterie *non nécessaire aux églises*, les religieux de Clairvaux envoyèrent à la Monnaie de Paris, sur la fin du mois de décembre, un nombre considérable d'objets d'or et d'argent parmi lesquels figuraient les reliquaires. Le buste renfermant le chef de saint Bernard ne fut livré qu'à la dernière extrémité. Pendant longtemps les spoliateurs de l'église de Clairvaux n'osèrent pas faire main-basse sur « une » image (2) qui semblait celle d'un roi au milieu d'un » empire créé par sa puissante main ; peut-être aussi » par un reste de piété filiale, les habitants dégénérés » du monastère firent-ils quelques efforts pour sauver » ce reliquaire auquel se rattachaient de si glorieux » et de si doux souvenirs. » Enfin le buste fut brisé à coups de marteau et envoyé à l'Hôtel des Monnaies le 3 décembre 1791 (3). Mais, dès la fin de l'année 1790, Louis-Marie Rocourt, abbé de Clairvaux, avait retiré du buste le chef vénéré, comme il l'attesta plus tard, et avait apposé à l'intérieur l'empreinte de son sceau abbatial en présence de témoins, dont il oublia malheureusement les noms (4). Enfin, le 1er octobre 1813, l'abbé Rocourt remit à M. le baron Charles Cafarelli, préfet du département de l'Aube, qui se trouvait à Bar-sur-Aube, le précieux

(1) *Trésor de Clairvaux*, p. 5, 6, 114, 115.

(2) Ph. Guignard, *Lettre... sur les reliques de saint Bernard et de saint Malachie*. Migne, *Patrol. lat.* t. CLXXXV, col. 1666.

(3) *Trésor de Clairvaux*, p. 114, 115.

(4) *Ibid.*, p. 232.

chef de saint Bernard, pour être vénéré dans la cathédrale de Troyes. La relique insigne fut donnée par le baron Cafarelli et scellée dans un reliquaire le 24 décembre 1813 (1).

Mais la relique, quoique désignée encore sous le nom de *Chef de saint Bernard*, est loin d'être entière. Naturellement, le chef du saint Abbé de Clairvaux a toujours excité d'ardentes et pieuses convoitises, on ambitionnait comme un précieux trésor la moindre parcelle de cette relique vénérée; à diverses reprises les abbés de Clairvaux faiblirent devant des sollicitations trop pressantes et le chef saint fut morcelé. Que sont devenus tant de fragments précieux, détachés principalement à l'époque qui précéda la Révolution, et de nos jours? Nous avions à cœur d'éclaircir ce point obscur de l'histoire des reliques de saint Bernard. Après beaucoup de recherches, nous avons retrouvé la trace des principaux fragments du chef de notre Saint; nous indiquons, en les décrivant autant qu'il nous a été possible, tous ceux dont l'authenticité est officiellement reconnue par l'autorité ecclésiastique.

Nous croyons que tous les cœurs dévots à saint Bernard accueilleront favorablement ces premières recherches, en attendant qu'elles puissent être complétées.

(1) Nous avons publié toutes les authentiques de cette relique dans le *Trésor de Clairvaux*, p. 222-227. Voir aussi *Reliques des trois tombeaux saints de Clairvaux*... p. LXVII.

II. Morcellement du Chef de saint Bernard

I. *De 1153 à 1793.*

1. Une dent et des cheveux de saint Bernard furent déposés à Esrom (diocèse de Köskild, en Danemarck) par Eskil, archevêque de Lund, ami du saint Abbé de Clairvaux (1).

2. Une dent de saint Bernard était dans un reliquaire particulier à Clairvaux. On lit dans l'Inventaire de 1504 au sujet de cette dent : *Delatus est Parisiis* (2).

Dans « l'Inventaire de la sacristie de Clairvaux (3) fait le quatorziesme de may 1640 » on trouve deux reliquaires ainsi désignés :

3. « Un reliquaire d'argent doré, fait en forme de » chapelle, lequel a un crucifix en haut..., et s'ouvre » au milieu, où il y a un rond couvert d'une vitre de » part et d'autre, soubs lequel il y a : *De pulvere* » *capitis S. Bernardi* (4).

4. » Petit reliquaire d'argent doré, la boite s'ouvre » des deux côtés, en l'un desquels est N. S. portant » sa croix, et en l'autre un *Agnus Dei*. Il y a dedans : » *De pulvere capitis S. Bernardi, primi Clarevallis* » *abbatis* (5).

5. Le 26 juillet 1643, pour satisfaire la dévotion

(1) Gaufridus, *Vita S. Bernardi*, c. IV, n° 27. Eskil mourut moine de Clairvaux en 1181 (*Trésor de Clairvaux*, p. 251).

(2) *Trésor de Clairvaux*, p. 103, n. 1.

(3) Archiv. de l'Aube, F. *Clairvaux*. Reg. in-fol.

(4) *Ibid.*, fol. 18 v°.

(5) *Ibid.*, fol. 20 r°.

d'Anne d'Autriche, reine de France une parcelle *a été détachée et tirée du précieux chef, au-dessous de l'oreille gauche, attenant la mâchoire* (1).

6. L'ancienne communauté de Port-Royal possédait, sur la fin du XVIIe siècle, deux dents de saint Bernard : l'une est sous cristal dans un petit médaillon d'or émaillé sur les côtés; l'autre est dans un des côtés d'une magnifique petite châsse de boule, en forme de tombeau, avec ornements en cuivre ciselé et doré. On trouve maintenant ces deux dents avec les anciens reliquaires, munis du sceau de Hyacinthe-Louis de Quélen, archevêque de Paris, chez les Bernardines de Besançon (2).

7. On lit dans l'Inventaire de la sacristie de Clairvaux, rédigé en 1741 par dom Guyton : « Au chef de saint » Bernard il manque un des temples (tempes) à droite; » point de mâchoire inférieure, vers laquelle il paraît » qu'on a scié et levé quelques morceaux. Ce chef » est long, le front est peu élevé, l'occiput assez » relevé (3). » D'où il suit qu'antérieurement à 1741 : 1° la tempe droite avait été enlevée; 2° quelques fragments avaient été levés sur les côtés de la figure près des oreilles. Sans doute qu'il faut compter parmi ces derniers fragments celui qui fut donné à la reine Anne d'Autriche le 26 juillet 1643.

(1) *Pièces justif.*, II.

(2) On sait que le cardinal Mathieu recueillit les dernières religieuses de Port-Royal et les installa à Besançon sous le nom de Bernardines. La communauté de Port-Royal était fort dévote à saint Bernard et envoyait tous les ans un *vœu* à Clairvaux. (Varin, *La Vérité sur les Arnauld*, t. II. p. 367. — *Histoire de l'abbaye de Port-Royal*, t. II, p. 574, éd. Cologne, 1752.

(3) *Trésor de Clairvaux*, p. 5.

8. L'ancien couvent des Bernardines de Salzinnes en Belgique (diocèse de Namur) possédait une petite relique *de capite sancti Bernardi, abbatis*. Après la Révolution les dernières religieuses de Salzinnes se réfugièrent à Malonne (même diocèse) dans une ancienne abbaye d'Augustins ; la relique *de capite santi Bernardi, abbatis*, qu'elles avaient emportée avec elles, est maintenant dans l'église paroissiale de Malonne.

9. En 1783, Louis-Marie Rocourt, alors procureur de l'abbaye de Clairvaux, détache du chef de saint Bernard « un os derrière l'oreille » en faveur de l'église de Longchamp (Aube). La relique était encore vénérée dans cette église le 23 octobre 1872 ; malheureusement elle a disparu du reliquaire dont le verre a été coupé.

10. A Riel-les-Eaux (Côte-d'Or), village dont Clairvaux avait acquis la seigneurie au XVIIe siècle, fragment du chef de saint Bernard dans un buste qu'on portait en procession avant la Révolution. Ce fragment, mesurant près de cinq centimètres de long sur cinq de large, est un des plus considérables qui aient été distraits du chef saint avant 1793 ; il a été reconnu en 1842 par Mgr l'évêque de Dijon (1).

[Lorsque la Révolution éclata, le dernier abbé de Clairvaux, Louis-Marie Rocourt, pressentant la ruine de l'abbaye et la dilapidation des saintes reliques, continua le morcellement du chef de saint Bernard, sans doute dans l'espoir que quelques fragments seraient conservés à la vénération des âges futurs.]

(1) *Pièces justif.*, III.

11. Le 2 avril 1790, l'abbé de Clairvaux donne Jean Jemelet, *in favorem alterius personæ*, un beau fragment du chef de saint Bernard, mesurant 66 millimètres de long, 18 millimètres dans sa plus grande largeur et 5 dans la partie la plus étroite (1). Cette relique passa successivement aux mains de MM. Chévry, curé de Montiéramey (Aube); Dollat, mort chanoine de la cathédrale de Troyes; et Millot, ancien greffier du tribunal de Troyes, qui la donna à l'église de Ramerupt (Aube), où elle fut canoniquement transférée le 15 juillet 1850.

12. Le 1er octobre 1790, l'abbé de Clairvaux donne à Mammès Baudot, vicaire-général de Langres, *in favorem aliarum personarum*, un fragment du chef de saint Bernard. Le 19 mars 1803, Louis-Apollinaire de la Tour-du-Pin-Montauban, évêque de Troyes, détacha de cette relique une partie notable qui fut donnée à la Trappe de Belle-Fontaine, près Chollet (Maine-et-Loire), où elle est encore vénérée (2).

13. Le 3 novembre 1790, l'abbé de Clairvaux donne un fragment du chef de saint Bernard à M. de Blercourt, curé de Somsois (Marne), dans l'ancien diocèse de Troyes (3). Ce fragment est maintenant à la Trappe d'Aiguebelle (Drôme); il mesure encore 38 millimètres de long sur 28 de large.

14. Le 13 novembre 1790, l'abbé de Clairvaux donne un fragment du chef de saint Bernard à Antoine-Claude-Bernard Barrois, chanoine de Lan-

(1) *Pièces justif.*, IV.
(2) *Ibid.*, V.
(3) *Ibid.*, VI.

gres (1). Le 15 octobre 1825, Mgr l'Evêque de Langres reconnut cette relique qui fut coupée par moitié en losange : une partie fut mise dans un buste à la cathédrale de Langres, et l'autre dans la pierre de l'autel de saint Bernard, dans la même cathédrale. La relique entière mesurait 25 millimètres de long sur 20 de large. Le fragment placé dans le buste existe encore ; celui qui était dans l'autel dédié à saint Bernard a disparu avec cet autel dans des réparations faites naguère dans la cathédrale de Langres.

15. Le 15 novembre 1790, l'abbé de Clairvaux donne à M. Euvrard, vicaire de Rennepont (Haute-Marne), un fragment du chef de saint Bernard (2). Cette relique, conservée dans l'église de Rennepont, mesure 23 milimètres de long, sur 17 millimètres de large (3).

16. Le 16 novembre 1790, l'abbé de Clairvaux détache un fragment du chef de saint Bernard en faveur de Mme Gallée, femme de M. Gallée, bailli de Clairvaux (4), habitant à La Ferté-sur-Aube (Haute-Marne). La relique, divisée par moitié, existe encore. Une moitié, avec l'authentique scellée, se trouve à Troyes, chez Mme Joffroy, petite-fille de M. Gallée ; ce

(1) *Pièces justif.*, VII.

(2) *Ibid.*, VIII.

(3) La paroisse de Rennepont possède encore une relique de saint Bernard sur laquelle Mgr Guérin a apposé son sceau, le 14 novembre 1862. D'après la tradition, elle aurait été tirée du chef de saint Bernard et donnée par l'abbé Rocourt. Elle mesure 23 millimètres de long sur 17 de large.

(4) Pierre Gallée fut nommé bailli de Clairvaux le 3 décembre 1871 par François Le Bloy, encore abbé de Clairvaux. (L'original de cette nomination est chez M. Perron, receveur des Hospices à Gray.)

fragment mesure 2 centimètres en longueur et 2 centimètres dans la plus grande largeur, 17 millimètres dans la plus petite (1). L'autre moitié de la relique se trouve à Gray (Haute-Saône), chez Mme Perron, aussi petite-fille de M. Gallée. Cette moitié ne mesure actuellement que 15 millimètres de long sur 15 millimètres de large, parce qu'un fragment a été détaché par le cardinal Mathieu le 14 novembre 1864, lorsqu'il reconnut la relique. Ce fragment, détaché en 1864, a été subdivisé en deux parcelles, dont l'une fut donnée aux dames Bernardines de Besançon, et l'autre est exposée dans l'église de Membrey (Haute-Saône).

17. Relique *de capite sancti Bernardi*, exposée à la vénération des fidèles dans l'église de La Ferté-sur-Aube (Haute-Marne). Elle mesure 33 millimètres de long sur 24 millimètres de large. Cette relique, détachée du chef de saint Bernard en même temps que la relique décrite plus haut (n. 16), fut donnée par l'abbé de Clairvaux, le 16 novembre 1790, à M. Cachet, curé de La Ferté-sur-Aube. L'authentique est perdue, mais Mgr Parisis, à l'époque de sa première visite pastorale à La Ferté, a reconnu cette relique après en avoir constaté l'authenticité. Le sceau épiscopal est apposé sur la relique enveloppée dans un morceau de soie blanche (2).

18. Belle relique *de capite sancti Bernardi* dans un morceau de soie avec l'empreinte en cire rouge du cachet abbatial de L.-M. Rocourt. Elle mesure 4 centimètres en longueur et 2 centimètres dans la plus grande largeur, 15 millimètres dans la moindre.

(1) *Pièces justif.*, IX.
(2) *Ibid.*, X.

Cette relique appartient à M. Modot, maire de Juvancourt (Aube) ; elle lui a été donnée par Mme d'Harmeville, qui habita Juvancourt. D'après la tradition, cette relique, comme la précédentes, aurait été détachée du chef de saint Bernard en même temps que la relique accordée en faveur de Mme Gallée (n. 16).

19. Le 5 mai 1791, l'abbé de Clairvaux donne un un fragment du chef de saint Bernard à dom Augustin de Lestranges, passant par Clairvaux pour aller fonder la Trappe de la Val-Sainte, près Fribourg (1). Cette relique passa à la Trappe de Bellefontaine (Maine-et-Loire), et fut reconnue le 12 juin 1829 par l'évêque d'Angers.

20. L'abbé Rocourt détacha du chef de saint Bernard, à une époque que nous ignorons (mais avant 1792), un fragment sur lequel il apposa l'effigie de son sceau abbatial. Cette relique, conservée au secrétariat de l'évêché de Langres, mesure aujourd'hui 20 millimètres de longueur, sur 17 millimètres de largeur. Elle était plus considérable. Deux fragments en ont été séparés : l'un a été mis dans un reliquaire de la cathédrale de Langres, par les soins de M. l'abbé Hutinel, alors curé de cette paroisse ; l'autre a été donné au cardinal Mathieu et fut déposé le 14 novembre 1870 dans un reliquaire, à la chapelle de l'archevêché de Besançon.

[Les religieux ont quitté l'abbaye de Clairvaux ; la maison et l'enclos ont été adjugés, le 10 février 1792, pour le prix de 37,400 livres, au sieur Pierre-Claude Cauzon, architecte, demeurant à Bar-sur-Aube ; une

(1) *Pièces justif.*, XI.

verrerie est installée dans l'église, près des *trois tombeaux saints* qui n'ont pas encore été ouverts (1). Une nouvelle relique se rapportant au chef de saint Bernard allait apparaître].

21. Au mois de mai 1793, le Directoire de l'Aube fit ouvrir le cercueil de plomb renfermant le corps du saint Abbé de Clairvaux ; c'est alors que Louis Hérardin, curé de Longchamp (Aube), tira du cercueil (2) la mâchoire inférieure détachée du saint chef en 1332, comme nous l'avons dit plus haut. Nous indiquerons les morcellements successifs de cette relique quoiqu'elle n'appartienne pas positivement au chef.

II. *De 1793 à 1813.*

[Après la tourmente révolutionnaire, M. Rocourt, ancien abbé de Clairvaux, retiré à Bar-sur-Aube, continua à détacher du chef de saint Bernard des fragments qu'il distribuait en y joignant des lettres d'authenticité. De son côté, M. Hérardin donnait des fragments de la mâchoire inférieure du saint fondateur de Clairvaux ; tous les certificats d'authenticité délivrés par M. Hérardin sont certifiés véritables par l'abbé Rocourt].

22. Le 22 juillet 1803, M. Hérardin délivre authentiquement un fragment de la mâchoire inférieure de saint Bernard à Jacques-Nicolas Girardon, chanoine honoraire de Troyes. Cette relique se trouve actuellement au collège Saint-Bernard de Troyes. Elle mesure 2 centimètres de longueur, 1 centimètre de largeur, 3 millimètres d'épaisseur. La relique est tra-

(1) *Reliques de trois tombeaux saints de Clairvaux*, p. 34.

(2) *Ibid.*, p. 39 et LXIX.

versée par un ruban de soie rouge et attachée à l'authentique, bien et dûment scellée (1). Nous avons publié cette authentique.

23. A la même date, et dans les mêmes formes, M. Hérardin délivre un autre fragment à M. Girardon. Ce fragment est maintenant entre les mains de M. l'abbé Hutinel, vicaire général de Langres. La relique, ronde et plate, a 1 centimètre de diamètre et 5 millimètres d'épaisseur. Nous avons publié l'authentique de cette relique (2).

24. Le 1er novembre 1808, l'abbé Rocourt donne un fragment du chef de saint Bernard à M. Cattez, prêtre, alors résidant au château de Dampierre (Aube). Cette relique, vénérée dans l'église paroissiale de Dampierre (2e châsse gothique), mesure 45 millimètres de longueur, 1 centimètre de largeur, 6 millimètres d'épaisseur (3).

25. Le 30 octobre 1809, l'abbé Rocourt donne un fragment du chef de saint Bernard à Jean-Baptiste-Bernard Guyot, curé de Colombé-la-Fosse (Aube). Ce fragment, vénéré dans l'église de Colombé-la-Fosse, mesure 7 centimètres de longueur, 15 millimètres à la plus grande largeur au milieu (les deux bouts finissent à peu près en pointe), 13 millimètres d'épaisseur (4). Une parcelle de cette relique a été donnée à l'église de Mesnil-Saint-Loup (Aube).

(1) *Reliques des trois tombeaux saints de Clairvaux*, p. LXIX, LXX.

(2) *Ibid.*, p. LXIX, LXX.

(3) *Pièces justif.*, XII.

(4) *Ibid.*, XIII.

III. *De 1813 à 1865.*

[Nous avons dit plus haut (p. 8) que l'abbé Rocourt, le 1er octobre 1813, donna le chef auguste de saint Bernard pour être exposé à la vénération publique dans la cathédrale de Troyes. Alors la relique insigne ne comprenait plus guère que le *facies*, auquel adhéraient encore quelques parties de la boîte cranienne, tout le reste du chef avait été morcelé et dispersé.

A partir de cette époque le chef de saint Bernard entre dans une nouvelle période de morcellement. Les ravages causés au saint chef sont officiellement constatés dans le *Registre des Reliques* qui est au secrétariat de l'Evêché de Troyes. Nous n'avons qu'à dépouiller ce registre pour suivre pas à pas le morcellement du chef vénéré et la dispersion des parcelles qui en furent détachées et canoniquement *reconnues* à une date certaine. La plupart de ces parcelles notables, n'ayant pas été enlevées à la scie, ont une forme bizarre et conséquemment elles ne pourraient que difficilement être mesurées].

26. Le 12 novembre 1823, parcelle *de capite sancti Bernardi,* donnée sous le sceau de Etienne-Antoine de Boulogne, évêque de Troyes; chez les Sœurs de charité du Cloître Saint-Etienne, à Troyes.

27. Le 13 mai 1824, parcelle *de capite sancti Bernardi,* donnée sous le sceau de E. A. de Boulogne; chez les Sœurs de charité du Cloître Saint-Etienne, à Troyes.

28. Le 25 septembre 1824, parcelle *de capite sancti Bernardi,* donnée sous le sceau de E. A. de Boulogne; dans l'église de Saint-Parre-aux-Tertres (Aube), châsse n° 3.

29. M. Girardon, chanoine honoraire de Troyes et de Besançon, qui avait reçu de M. Hérardin, curé de Longchamps, la majeure partie de la machoire inférieure de saint Bernard, donna (nous ne savons à quelle date) plusieurs fragments considérables de cette relique à l'archevêché de Besançon. Ces fragments, déposés au Secrétariat, furent enfermés dans un reliquaire le 20 février 1830, sous le sceau du cardinal de Rohan Chabot (1). D'après une lettre du cardinal Mathieu, à nous adressée, le 25 octobre 1872, ces reliques auraient été morcelées successivement par plusieurs secrétaires de l'archevêché, et elles ont été dispersées sans authentiques. Nous possédons une parcelle de ces reliques, sous le sceau du cardinal Mathieu, elle nous a été donnée le 1er mars 1876, par M. l'abbé Curtel, secrétaire de l'archevêché de Besançon.

30. Le 10 août 1833, parcelle *de capite sancti Bernardi*, donnée sous le sceau de Jacques-Louis-David de Séguin-des-Hons, évêque de Troyes, et placée dans un cadre-reliquaire à la cathédrale de Troyes (chapelle de la Sainte-Vierge, côté de l'Epître).

31. Le 6 mars 1834, parcelle *de capite sancti Bernardi*, donnée sous le sceau de J.-L.-D. de Séguin-des-Hons; chez les Sœurs de Charité du Cloître Saint-Pierre, à Troyes.

32. Le 24 juin 1837, parcelle *de capite sancti Bernardi*, donnée sous le sceau de J.-L.-D. de Séguin-des-Hons ; à la Trappe-d'Aiguebelle. Cette relique, dont il reste la moitié, mesure encore 15 milli-

(1) *Pièces justif.*, XIV.

mètres de longueur sur 14 millimètres de largeur; l'autre moitié a été divisée et donnée à plusieurs évêques dont les noms ne sont pas indiqués dans le procès-verbal (1).

33. Le 22 juillet 1839, parcelle *de capite sancti Bernardi*, donnée sous le sceau de J.-L.-D. de Séguin-des-Hons; dans l'église de Celles (Aube).

34. Le 28 septembre 1839, parcelle *de capite sancti Bernardi*, donnée sous le sceau de J.-L.-D. de Séguin-des-Hons; dans l'église Saint-Remy de Troyes.

35. Au mois d'août 1841, parcelle *de capite sancti Bernardi*, donnée sous le sceau de J.-L.-D. de Séguin-des-Hons, envoyée à l'évêché de Dijon pour M. l'abbé Renault et destinée à la chapelle du château de Fontaine-les-Dijon, où elle est vénérée.

36. Le 2 décembre 1842, parcelle *de capite sancti Bernardi*, enfermée sous le sceau de J.-L.-D. de Séguin-des-Hons dans la pierre d'autel de la chapelle du Bon-Pasteur, à Troyes.

37. Le 18 août 1846, parcelle *de capite sancti Bernardi*, donnée sous le sceau de Jean-Marie-Mathias Debelay, évêque de Troyes, à une religieuse du Bon-Pasteur de Troyes (sœur Saint-Bernard). Cette relique est vénérée dans la chapelle de la communauté dans la châsse du côté de l'Evangile; avant qu'elle ne fût déposée dans la châsse une parcelle en fut détachée et donnée aux Pères de Saint-Edme de Pontigny (Yonne).

38. Le 25 décembre 1862, parcelle *de capite sancti Bernardi*, donnée sous le sceau de Mgr Emmanuel-

(1) *Pièces justif.*, XV.

Jules Ravinet, évêque de Troyes, à M. Taillandier, curé de Saint-Bernard de Paris (faubourg de la Chapelle), pour son église.

39. Le 8 juillet 1865, parcelle *de capite sancti Bernardi*, donnée sous le sceau de Mgr Emmanuel-Jules Ravinet ; dans l'église de Fontaine-les-Dijon (Côte-d'Or).

[Depuis 1865 on n'a pas touché au chef de saint Bernard et l'autorité ecclésiastique est bien décidée à empêcher désormais le morcellement de la relique insigne].

III. Ce qui reste du Chef de saint Bernard.

Il était urgent de prendre cette résolution, car dans les morcellements qui ont eu lieu successivement toute la boîte cranienne a disparu et il ne reste plus que le *facies*. Et encore faut-il noter que sur cette relique ont été pris tous les fragments et parcelles détachés depuis 1813. Toutefois, ces fragments ayant été enlevés à l'intérieur, dans les parties tendres des cavités et sur l'épaisseur du *facies*, la sainte relique, à première vue, paraît avoir à peu près les mêmes dimensions qu'en 1813, lorsqu'elle fut donnée par l'abbé Rocourt.

MM. Paul Carteron et Charles Forest, docteurs en médecine, nous ont fourni la description du chef de saint Bernard tel qu'il se comporte aujourd'hui :

« La face comprenant l'os frontal et les deux maxil-
» laires supérieurs.

» A. — L'os frontal est limité :

» 1° En haut par une section transversale, pratiquée à la scie, à 4 centimètres au-dessus des arcades » sourcillières ;

» 2° Sur les côtés par une coupe légèrement » oblique.

» B. — Les deux maxillaires sont entiers et articulés » entre eux et avec l'os frontal.

» Il résulte de ce qui précède que les deux cavités » orbitaires et la cavité nasale sont complètes. Cependant les os propres au nez ont été enlevés. »

PIÈCES JUSTIFICATIVES

I. (Voir p. 6).

Nous avons prouvé (*Reliques des trois tombeaux saints de Clairvaux*..., p. 20-33) que le corps de saint Bernard était resté (moins le chef) à peu près entier dans son cercueil jusqu'à la Révolution. Notre thèse est incomplète, plusieurs témoignages ayant été omis à l'imprimerie ; nous donnons ici ces témoignages qui sont tirés du manuscrit XV de l'abbé Mathieu (1).

Le 22 avril 1439, Guillaume d'Autun admettait à la participation des biens spirituels de Clairvaux Marguerite de Baux, comtesse de Saint-Paul, Brienne, etc., en récompense de sa dévotion *envers Monsieur sainct Bernard, ayant visité en propre personne son glorieux corps sainct et précieuses reliques qui reposent en l'église de Clervaulx*... (p. 29).

Le 22 janvier 1472, le duc de Bourgogne Charles le Téméraire accorde à Clairvaux des lettres de sauvegarde *en l'honneur du glorieux corps sainct Monseigneur sainct Bernard... lequel gist et repose en l'église et abbaye de N.-D. de Clervaulx*... (p. 212).

(1) A la Biblioth. du Grand-Séminaire de Langres. Ces textes ont déjà été publiés par M. Ph. Guignard dans la savante *Lettre... sur les reliques de saint Bernard et de saint Malachie*. Appendice n° 8.

Le 10 décembre 1479, les habitants de Belan-sur-Ource (Côte-d'Or), qui s'opposaient à la construction d'une forge à fer par les religieux de Clairvaux près de la grange de Champigny, lèvent l'opposition *pour l'honneur et révérence. . de sainct Bernard, premier abbé dudit monastère de Clairvaux, auquel repose son précieux corps...* (p. 457).

Le 19 janvier 1508, Thibaut Henrion et Michau Hurren, *pour leur singulière dévotion à Monsieur sainct Bernard et à l'esglise de Clervaux, en laquelle repose son précieux corps... se sont donnés en corps et en biens à icelui monastère...* (p. 183).

Sans date. Jean le Pitois, receveur des domaines et des aides à Bar-sur-Aube, et Simonette la Rotie, sa femme, font une donation à l'abbaye de Clairvaux à l'intention de « faire ardre la lampe devant... le corps de Mgr sainct Bernard perpétuellement. . » (p. 5).

Ajoutons un dernier témoignage :

Dom le Boullenger dans son *Catalogue des abbés de Clairvaux* (1), écrit après 1768, rapporte que « on voit dans l'église de Clairvaux les tombeaux de plusieurs saints parmi lesquels on distingue ceux qui renferment *les corps* de saint Bernard ; de saint Malachie, primat d'Irlande ; des SS. martyrs Eutrope, Bonose, et Zozime... et quatre autres corps saints aussi martyrs... Ce fut Henri de Marsillac, abbé de Clairvaux, qui fit la translation solennelle du corps de saint Bernard... dans le mausolée *ou il est encore aujourd'hui.* »

Dans ce même *Catalogue*, après avoir réfuté Bernard Brito et Louis de Souza, qui prétendaient que le corps de saint Bernard, sous l'administration de l'abbé Edme de Saulieu, avaitététransporté à Avignon, Dom Le Boullenger s'exprime ainsi :

(1) On croyait ce catalogue perdu ; nous en avons retrouvé un exemplaire qui est entre les mains de M. Lapérouse à Troyes.

« On a toujours regardé à Clairvaux les reliques de saint Bernard non seulement comme le principal ornement de cette abbaye, mais encore comme son appui et sa défense. C'est à ce sacré dépot qu'on attribue le calme dont elle a joui depuis plus de 600 ans au milieu même des horreurs des guerres civiles ou étrangères dont la province de Champagne a été si souvent le théâtre. Cette abbaye est certainement la seule ou les ennemis de l'état n'ont jamais mis le pied ; s'ils ont fait souvent le dégât sur ses terres, s'ils sont même venus jusqu'à ses portes, ce n'a été que pour rendre plus sensible la protection toute puissante de cette même main qui sait arrêter sur un grain de sable l'impétuosité des flots de la mer. »

Dans les *Reliques des trois tombeaux saints de Clairvaux...* nous avons donné le *Catalogue des reliques détachées du corps de saint Bernard de 1153 à 1793* (p. LXXVII), ajoutons à cette énumération « *une portion de côte* » vénérée dans la collégiale Saint-Urbain de Troyes jusqu'à la Révolution. Cette relique, d'après le *Memoriale* des indulgences et reliques de Saint-Urbain, dressé au XVe siècle, avait été donnée *sub plumbo* à la collégiale, par le cardinal Ancher, neveu du pape Urbain IV (Archiv. de l'Aube).

II. (Voir n° 5).

AUTHENTIQUE DU FRAGMENT DONNÉ A LA REINE DE FRANCE.

« Nous soubzsignés abbé, prieur, cellérier etc , sacriste de Clairvaux, ordre de Cisteaux, au diocèse de Lengres, attestons et certifions à la très chrestienne, très auguste et très pieuse reyne de France et de Navarre, Madame Anne d'Austriche, régente, et à tous que besoin sera, que la parcelle d'ossement par nous présentée à Sa Majesté, pour accomplissement de sa piété et dévotion à l'endroit de notre très-dévot père et bienheureux patron saint Bernard, premier abbé de cette maison de Clairvaux, a été détachée et tirée de son précieux chef au-dessous de l'oreille gauche, attenant à la maschoire, avec toute la révérence et respect à nous possible. En foy de quoy, nous nous sommes soubzignés, continuants nos humbles prières envers le mesme saint, à ce que, comme il a esté dez ce monde, et est encore au ciel, favory de la reyne des anges, il soit en terre protecteur de Sa Majesté, du roy, et de toute sa royale postérité, avec très humble supplication à sa dite Majesté d'avoir toujours les successeurs de ce grand saint, sa famille et sa maison en singulière et particulière protection. Donné à Clairvaux, soubz le contre-seing de nostre secrétaire, le 26 juillet 1643.

Signé : F. A. SAULNIER.

» Registrum secretariatus reverendissimi in Christo P. ac Domini mei D. Claudii Largentier, XLVti Clarævallis abbatis, — cœptum per me fratrem Antonium *Saulnier* de Lignoto, ejusdem Clarævallis religiosum expresse professum, sacerdotem, necnon eidem Rmo Domino meo Abbati a secretis (1642-1643-1644-1645,) 1 vol. petit in-fol. couvert en peau rouge, p. 66 et 67 an. 1643. » (Archiv. de l'Aube.)

Cette pièce a déjà été publiée par M. Ph. Guignard, *Appendice* n° 6 à la *Lettre... sur les reliques de S. Bernard et de S. Malachie.*

III. (Voir n° 10).

CERTIFICAT RELATIF AU FRAGMENT VÉNÉRÉ DANS L'ÉGLISE DE RIEL-LES-EAUX (CÔTE-D'OR).

Mgr l'Evêque de Dijon pendant sa première visite pastorale, en 1842, *reconnut* le fragment vénéré à Riel-les-Eaux. Nous donnons un extrait du procès-verbal dressé à cette occasion.

« M. le curé nous a présenté un buste en bois recouvert au-dessous de la tête d'une feuille d'argent plaqué, et contenant dans sa partie antérieure (la poitrine) un ossement assez considérable dit *Reliques de Saint-Bernard*, le buste en effet représente ce saint abbé en costume religieux. Au tour de l'ouverture carrée recouverte d'un cristal, sont placées, enchâssées dans du cuivre ou argent doré, plusieurs pierres de couleurs variées telles que topazes, rubis, améthystes, etc.

» Ce reliquaire n'offrant aucune des garanties que l'Eglise exige ordinairement pour assurer la foi des fidèles, nous avons cru devoir interroger M. Charles Bernard, agé de soixante huit ans, né en cette paroisse et y ayant constamment demeuré : M. Bernard nous a déclaré qu'il se souvenait parfaitement avoir vu ce buste avant la Révolution de 93, et l'avoir plus d'une fois porté dans les processions, et qu'il le reconnaissait pour être dans le même état où il l'avait toujours vu. M. Claude Philippe Genty, âgé de 61 ans, a déclaré savoir d'une manière positive que dans la Révolution de 93 ce buste avait été caché avec plusieurs autres objets chez le sieur François Jeanny ; ce qu'ont affirmé MM. Bernard et Aléxandre Cocusse pour l'avoir entendu dire, M. Bernard à son retour de l'armée, et M. Cocusse dans sa jeunesse.

» En outre de ces témoignages, dont le mérite ne saurait être contesté, nous avons dû prendre en considération le témoignage indirect, mais bien grave, rendu par M. Babonot, décédé curé de cette paroisse, où pendant soixante années il avait exercé le Saint ministère sans autre interruption que le temps que la persécution de 93 l'avait forcé d'en demeurer éloigné : en rentrant dans sa paroisse pour y reprendre ses honorables fonctions, ce digne prêtre replaça le buste de saint Bernard dans l'Eglise et le rendit aux hommages dont ses paroissiens étaient dans l'habitude de l'environner ; or il n'est pas permis de douter que M. Babonot ne se soit assuré alors de l'identité de cette relique.

» Toutes ces considérations pesées, nous n'avons pas hésité à reconnaître l'authenticité de cette relique de saint Bernard, et pour l'attester nous avons placé notre sceau ordinaire empreint sur de la cire rouge d'Espagne en cinq endroits de cette partie antérieure du buste, et nous estimant heureux de trouver cette occasion de témoigner notre vénération profonde et notre tendre affection pour ce grand saint, la gloire de notre diocèse, nous avons autorisé, et par ces présentes nous autorisons M. le curé de Riel-les-Eaux d'exposer à la vénération des fidèles cette précieuse relique du saint Protecteur de sa paroisse. »

IV. (Voir n° 11).

Authentique du Fragment vénéré dans l'église de Ramerupt.

« Nos frater Ludovicus Maria Rocourt, sacræ Facultatis Parisiensis doctor theologus, ordinis Cisterciensis pater primarius, abbas Clarævallis, in diœcesi Lingonensi, omnibus præsentes litteras inspecturis et singulis quorum interest, salutem in Domino. Notum et certum facimus, quod die secunda mensis aprilis anni millesimi septingentesimi nonagesimi, precibus domini Joannis *Jemelet*, in favorem alterius personæ, religionis catholicæ apostolicæ et romanæ cultricis, famæque et nominis integritate commendabilis, benigne annuentes, et propter singularem nostram erga ipsum dilectionem christianamque fraternitatem, præsente ipso supradicto domino, præsentibusque dominis Francisco *Brelet* et Petro Francisco *Mériot* ac insuper Ludovico *Lavocat* secretario commisso ad hoc specialiter, invitatis, subsignatis, parvas ex capite S. Bernardi, primi Clarævallis abbatis, et ex capite divi Malachiæ, archiepiscopi vulgo *Darmagh* in Hibernia, veræ caritatis fœdere sanctissimo Bernardo adstricti dum viveret, et in nostra ecclesia sepulti, particulas excerpsimus, quas supradicto domino *Jemelet* dedimus, serico purpuram rubente, desuper papyro seorsim obvoluto ac sigillo nostro nostrique archicœnobii obsigillato, impositas. In cujus rei fidem, sub signo nostro manuali præsentes emisimus et archicœnobii sigillo muniri jussimus, die, mense et anno supra.

» *Loc. sigilli.* J. Jemelet. P.-F. Meriot,

» F. Brelet, P.-L.-M. Rocourt, abbas Clarævallis.

» L. Lavocat, secr. commis. »

Cette pièce a déjà été publiée par M. Ph. Guignard, *Appendice* n° 4 à la *Lettre... sur les Reliques de S. Bernard et de S. Malachie.*

V. (Voir n° 12).

Authentique du Fragment donné au chanoine Baudot, et maintenant vénéré a la Trappe de Belle-Fontaine (Maine-et-Loire).

« Ludovicus Apollinaris *de la Tour-du-Pin-Montauban,* miseratione divina... archiepiscopus, episcopus Trecensis, universis... salutem in Domino.

» Viso per nos authentico instrumento, sub data Clarevalli die prima octobris 1790, a domino reverendissimo L. M. Rocourt, abbate Clarevallis, concesso, quo constat ipsum domino *Baudot*, vicario generali, canonico et archidiacono Lingonensi, in favorem aliarum personarum religionis catholicæ cultricium, dedisse particulam ex capite sancti Bernardi, primi Clarevallis abbatis, excerptam, quam sigillo prædicti abbatis munitam, memoratoque instrumento junctam, recognovimus : notum facimus quod de consensu dicti domini *Mammès Baudot*, ex illa particula particulam præsentibus litteris authenticis adjunctam, et vitta serica rubra alligatam, atque duplici in parte nostro sigillo munitam nobis præsentibus excerpi fecimus, dominis Antonio *Germain* et Amando *Gobin*, presbyteris, testibus vocatis et subsignatis.

» Datum Trecis, in palatio nostro episcopali, sub signo nostro et sigilli nostri appositione ac secretarii episcopatus nostri subscriptione. Die 19 martii, anno Domini 1803, die vero 28 mensis ventosi anni XI reipublicæ.

» *Loc. sigilli.* † Lud. Ap., archiepisc. episc. Trecensis. De mandato episc. : *Huillier*. — *Germain. Gobin.*

» Particulam supra designatam transtulimus in thecam rotundam... et sigillo nostro munivimus. Anno Domini 1846, die 17 maii.

» *Loc. sigilli* : F. Maria Augustinus, abbas.

» De mandato : F. Victor Maria, secret.

» Vidimus et approbavimus.

» *Loc. sigilli* : † Guillielmus, episcopus Andegavensis,

» Die 3 junii 1846. »

VI. (Voir n° 13.)

Authentique du Fragment donné a M. de Blercourt, et vénéré a la Trappe d'Aiguebelle (Drôme).

« Nous frère Louis-Marie Rocourt, abbé de Clairvaux, au diocèse de Langres, certifions à tous ceux qu'il appartiendra, que le trois du mois de novembre de l'année mil sept cent quatre-vingt-dix, sur la demande qui nous a été faite par M. de Blercourt, curé de de Somsois, au diocèse de Troyes, de lui accorder des reliques de saint Bernard, nous aurions fait ouvrir la châsse qui renferme le chef dudit saint, nous en aurions extrait une parcelle que nous avons enveloppée dans du papier cacheté du sceau de notre abbaye, ainsi que la présente attestation que nous avons signée et fait contresigner par notre secrétaire, pour le tout être remis audit sieur de Blercourt, et assurer de l'authenticité de ladite relique. A Clairvaux, les jour, mois et an que dessus.

» F. L.-M. Rocourt, abbé de Clairvaux.

» Il a été pareillement extrait une parcelle du chef de saint Malachie, dont nous assurons également l'authenticité.

Place du sceau. » F. L.-M. Rocourt,

» Par ordre : F. Dolard, secrétaire. »

VII. (Voir n° 14).

Authentique du fragment donné a M. Bernard Barrois, et maintenant vénéré a la cathédrale de Langres.

« Gilbertus Paulus *Aragonnès d'Orcet*, episcopus Lingonensis, notum facimus et testamur, quod in hacce theca chartea formæ ovatæ, cui adheret vitrum, continetur particula capitis sancti Bernardi, abbatis clarevallis, quam in papiro inclusimus signato cera hispanica rubra nostro sigillo impressa, coopertam deinde panno serico coloris rubri quem vocant *velours cramoisi.*

» Illam sacram reliquiam dederat DD. Ludovicus Maria *Rocourt*, abbas Clarevallensis, D. Antonio Claudio Bernardo *Barrois*, canonico Lingonensi, cum scripto ipsius abbatis authentico, die 13 novembris 1790; sed cum dictum authenticum esset commune alii reliquiæ de S. Malachia, illud retinuit D. *Barrois* dando reliquiam S. Bernardi ecclesiæ nostræ cathedrali. Insuper illam posteriorem reliquiam in duas partes divisimus, quarum una ponetur in busto faciem S. Bernardi exhibente, et altera in medio altaris eidem Sancto consecrati.

» In quorum fidem, presentes fecimus litteras.. et geminum istud authenticum sicco sigillo nostro impressum pro unaquaque parte capitis S. Bernardi...

» Datum Lingonis, die 15 a mensis octobris anno Domini millesimo octingentesimo vigesimo nono.

Loc. sigilli sicci. *Loc. sigilli cerei.*

» Vidimus et approbavimus,

» † Joannes, episc. Lingon.

» Lingonis, die 3 novembris 1855. »

VIII. (Voir n° 15.)

Authentique du Fragment vénéré dans l'Eglise de Rennepont (Haute-Marne).

« Nous frère Louis Marie Rocourt, docteur en théologie de la Faculté de Paris, abbé de Clairvaux, au diocèse de Langres, l'un des quatre premiers pères de l'Ordre de Citeaux, savoir faisons à tous ceux qui ces présentes verront, que le quinze novembre mil sept cent quatrevingt dix, sur la demande de M. Euvrard, vicaire de Rennepont, nous avons, en présence de M. Bresson, curé de Lonchamps ; de dom Gay, prieur de Clairvaux ; et dom Dolard, notre secrétaire, extrait une petite partie du chef de saint Bernard, et une de celui de saint Malachie, toutes deux enveloppées séparément dans une étoffe de soie, recouvertes d'un papier que nous avons fait cacheter de notre sceau et de celui de notre abbaye ; pour le tout être remis au dit sieur vicaire, après avoir été envoyé à Mgr l'Evêque de Langres et sur sa permission être exposé à la vénération des fidèles. En foi de quoi, nous lui avons délivré les présentes, que nous avons signées avec les témoins ci-dessus nommés et y avons fait apposer notre sceau, les jours mois et an que dessus.

Place des sceaux.

Signé : « F. L.-M. Rocourt, abbé de Clairvaux.
F. Gay, prieur de Clairvaux ; F. Dolard, secrét.
Bresson, curé de Longchamps. »

Recognitio de cette relique par César-Guillaume de La Luzerne, évêque de Langres, en date du 12 février 1791.

IX. (Voir n. 16).

Authentique du Fragment donné a Mme Gallée, de La Ferté-sur-Aube (Haute-Marne).

« Nous frère Louis-Marie Rocourt, abbé de Clairvaux, au diocèse de Langres, certifions à tous ceux qu'il appartiendra que, pour satisfaire à la dévotion de Mme de Gallée, qui nous aurait demandé avec instance des reliques de saint Bernard et de saint Malachie, nous aurions détaché une parcelle des chefs des susdits deux saints que nous lui aurions délivrée ; et pour en assurer l'autenticité, nous les aurions enveloppées séparément dans du papier que nous aurions cacheté du sceau de notre abbaye ainsi que le présent certificat que nous avons fait contresigner par notre secrétaire.

» A Clairvaux, le 16 novembre 1790.

Loc. Sigilli. » F. L.-M. Rocourt, abbé de Clairvaux.

» F. E.-X. Dolard, secrétaire. »

X. (Voir n° 17.)

Enquête relative au Fragment vénéré dans l'église de La Ferté-sur-Aube.

« L'an de de grâce mil huit cent quarante, le quatrième jour du mois de mai, sont comparus par devant nous prêtre curé de La Ferté-sur-Aube, soussigné, Pierre Gallée, propriétaire, ancien bailli de Clairvaux ; Jean-Baptiste Durand, serrurier ; Edme-Hyardin, tisserand, et Nicolas Drouard, cultivateur, tous vieillards, gens notables et dignes de foi, lesquels après avoir fait serment de dire la vérité, nous ont certifié :

» 1° Que les reliques déposées dans la châsse de l'église dudit lieu sont des parties du crâne de saint Bernard et de saint Malachie ; qu'elles ont été données à M. Cachet, curé de La Ferté, notre prédécesseur immédiat, par M. Rocourt, dernier abbé de Clairvaux, à l'époque où les moines ont été obligés de se séparer et de quitter l'abbaye. M. Gallée, alors bailli de Clairvaux, se rappelle parfaitement la circonstance où M. le curé de La Ferté a reçu ces reliques de la main de M. l'abbé de Clairvaux, et il en a reçu lui-même quelques parcelles qu'il possède encore aujourd'hui. (Voir ci-dessus IX.)

» 2° Que ces reliques ont été depuis l'époque susdite exposées, sans interruption, à la vénération des fidèles dans l'église Sainte-Marie-Madeleine de La Ferté ; qu'on les a toujours portées en procession dans les grandes solennités, que jamais on n'a touché à cette châsse dans les temps de trouble, mais qu'elle a toujours été respectée et vénérée, car Edme Hyardin et Jean-Baptiste Durand ont été nommés marguilliers en 1803, et Jean-Baptiste Durand a succédé immédiatement en qualité de marguillier à Louis Durand, son père, qui était lui-même marguillier depuis plus de 20 ans, lequel a toujours été fervent chrétien et qui n'aurait pas manqué de remarquer la fraude et de la faire connaître, si elle eût eu lieu, ayant occasion en sa qualité de marguillier de préparer souvent le reliquaire pour les processions.

» D'ailleurs, M. le curé, mon prédécesseur, qui a reçu ces reliques, n'a été absent du pays que pendant le temps de sa réclusion à Chaumont, qui a duré environ cinq ans, et si à son retour il eût remarqué que ces reliques avaient été remplacées par d'autres ossements, il eût aussitôt reconnu la fraude, il l'eût constatée, et il n'eût plus exposé ces ossements à la vénération des fidèles.

» Nous même, qui avons succédé immédiatement à M. Cochet, nous certifions que ces reliques sont aujourd'hui les mêmes qu'à l'époque où nous avons pris possession de notre cure. Il n'y a donc pas de doute que ces reliques sont véritablement celles de saint Bernard et de saint Malachie, et qu'elles ont été données à la paroisse de La Ferté-sur-Aube par M. Rocourt, dernier abbé de Clairvaux. En foi de quoi, les témoins sus-dénommés ont signé avec nous le présent procès-verbal les jour, mois et an susdits, excepté Nicolas Drouard qui a déclaré ne savoir signer.

» *Signé:* PRUDENT ; YARDIN ; GALLÉE ; DURAND. »

L'Evêque de Langres confirma les conclusions de l'enquête.

« Præsentes litteras inspecturis notum facimus et attestamur quod, ad majorem omnipotentis Dei gloriam, suorumque sanctorum venerationem, debite recognovimus particulam de Capite sancti Bernardi, abbatis et Ecclesiæ doctoris, quam intra pannum sericum albi coloris reverenter disponi curavimus, nostroque sigillo in cera hispanica impresso desuper munivimus, atque fidelium venerationi exponi permisimus. In quorum fidem, presentes litteras, a Nobis subcriptas nostroque sigillo munitas, per infrascriptum secretarium nostrum expedire mandavimus.

Loc. sigilli. » † P. L., episc. Lingon. »

XI. (Voir n° 19.)

AUTHENTIQUE DU FRAGMENT DONNÉ A DOM AUGUSTIN DE LESTRANGE ET VÉNÉRÉ MAINTENANT A LA TRAPPE DE BELLE-FONTAINE (MAINE-ET-LOIRE).

« Nous frère Louis-Marie Rocourt, docteur en théologie de la Faculté de Paris, abbé de Clairvaux au diocèse de Langres, l'un des quatre premiers pères de l'Ordre de Citeaux, certifions à tous ceux qu'il appartiendra que le 5me du mois de mai de l'année 1791, sur la demande qui nous a été faite par dom Augustin, religieux prêtre de notre abbaye de la

Trappe, au nom de vingt-trois de ses confrères, de lui accorder des reliques de saint Bernard et de saint Malachie pour être exposées à la vénération des fidèles dans le nouveau monastère qu'ils se proposent d'aller habiter au canton de Fribourg; désirant satisfaire la dévotion de nos susdits confrères, nous avons donné audit dom Augustin une parcelle du chef du saint Bernard et une de celui de saint Malachie, que nous avons enveloppées séparément dans du papier, cacheté du sceau de notre abbaye ; et pour assurer l'authenticité desdites reliques, nous avons délivré audit dom Augustin les présentes, signées de notre main, que nous avons fait contresigner par notre secrétaire et apposer le sceau de nos armes.

Loc. sigilli. » F. L.-M. Rocourt, abbé de Clairvaux.

» Par ordre : F. Dolard, secrétaire.

» Bernardus Emmanuel de *Lentzbourg*, episcopus Lausannensis... recognovimus et pro authenticis habuimus particulas supra memoratas. In quorum fidem... 19 Xbris 1791.

Loc. sigilli. » B. Em., episc. Lausan.

» Nos F. Maria Michael *Le Port*, abbas monasterii Trappensis B.-M. de Bellofonte, Ordinis Cisterciensis, supradictas reliquias sancti Bernardi atque sancti Malachiæ, papyro alba et sub sigillis RR. DD. episcopi Lausannensis, ac RR. DD. abbatis Claravallis clausas, a nobis collocatas esse in cista quadrangulari, ex cupro deargentato, quatuor vitris septa, sigilloque nostro munita, filo serico rubri coloris colligata. In quorum fidem... Bellofonte, die tertia decima novembris anno 1828.

» F. M. Michael, abbas.

» De mandato : F. Aloysius Gonzaga, secret.

» Vidimus et approbavimus :

» Andegavi, die 12 juin 1829.

Loc. sigilli. » † Carolus, episc. Andegav. »

XII. (Voir n° 24.)

AUTHENTIQUE DU FRAGMENT VÉNÉRÉ DANS L'ÉGLISE DE DAMPIERRE (AUBE).

« Nous Louis-Marie Rocourt, ancien abbé de Clairvaux, certifions à tous ceux qu'il appartiendra, que la portion de relique que nous avons donnée à M. Cattez, prêtre, ancien religieux de l'abbaye de la Piété, filiation de Clairvaux, et actuellement résidant au château de Dampierre, département de l'Aube, pour être conservée dans un reliquaire dont il a fait présent à l'église paroissiale dudit Dampierre, a été extraite par nous du chef de saint Bernard, qui était exposé autrefois à la vénération des fidèles dans l'église de l'abbaye de Clairvaux. En foi de quoi, nous avons délivré ce certificat, muni de notre signature et de notre chiffre en cire rouge, tel qu'il est empreint sur ladite relique. A Bar-sur-Aube, le premier novembre 1808.

Place du sceau. « L.-M. ROCOURT, ancien abbé de Clairvaux. »

Au bas, la *recognitio* de cette relique par M. Arvisenet, vicaire général, en date du 12 avril 1809.

XIII. (Voir n° 25.)

AUTHENTIQUE DU FRAGMENT VÉNÉRÉ DANS L'ÉGLISE DE COLOMBÉ-LA-FOSSE (AUBE).

« Je soussigné Louis-Marie ROCOURT, ancien abbé de Clairvaux, certifie à tous ceux qu'il appartiendra que la portion de relique que j'ai donnée à Monsieur Jean-Baptiste-Bernard Guyot, prêtre desservant l'église de Colombé-la-

Fosse, diocèse de Troyes, et sur laquelle est appliquée en cire rouge le même chiffre qui est posé sur ce certificat, a été extraite par moi, en présence de Monsieur Jacques-Joachim Girardon, notaire à Bar-sur-Aube, et de Monsieur François Aubertin, docteur en médecine, résidant en ladite ville, lesquels ont signé avec moi, du chef de saint Bernard, qui était exposé autrefois à la vénération des fidèles dans l'église de l'abbaye de Clairvaux. En foi de quoi, j'ai délivré le présent certificat pour servir partout où besoin sera. A Bar-sur-Aube, le 30 octobre mil huit cent neuf.

Suivent les signatures : » L.-M. Rocourt, ancien abbé de
» Clairvaux ; Aubertin ; J.-J. Girardon. »

Place du chiffre : L.-M. R.

Au bas, la *recognitio* de cette relique par M. Arvisenet, vicaire général, en date du 13 juillet 1810.

XIV. (Voir n° 29.)

Authentique des Morceaux de la machoire inférieure donnés par M. Girardon a l'archevêché de Besançon.

« Ludovic. Franc. Aug. *de Rohan Chabot*, archiep. Bisunt., dux Rohanni, princeps Leonæ, par Franciæ,

» Universis et singulis præsentes litteras inspecturis, fidem facimus, et attestamur, quod nos ad majorem omnipotentis Dei gloriam, suorumque sanctorum venerationem, recognovimus sacras particulas ex maxilla sancti Bernardi, abbatis, et Ecclesiæ doctoris, quas ex authenticis locis extractas, certisque ac fide dignis personis receptas, reverenter collocavimus in theca argentea, ovalis figuræ, simplici chrystallo munita, bene clausa, et funiculo serico, coloris rubri, a tergo colligata, ac sigillo nostro signata, eamque consignavimus cum facultate apud se retinendi, aliis donandi, extra urbem transmittendi, et in quacumque ecclesia, oratorio, aut capella publicæ fidelium venerationi exponendi. In quorum fidem, has litteras testimoniales, manu nostra subscriptas, nostroque sigillo firmatas, per infrascriptum Sacrarum Reliquiarum custodem expediri mandavimus.

» Datum Bisuntii, die 20 Februarii 1830.

» † L. F. A., archiep. Bisunt. »

Loc. sigilli et contra sigilli.

FIN.

Impie J. BRUNARD, Troyes, rue Urbain IV, 85.

OUVRAGES DU MÊME AUTEUR

Les Synodes du diocèse de Troyes, in-8°, 1867.

Les Frères Mineurs ou Cordeliers de Troyes, in-8°, 1869.

Notice sur les Antonins de Troyes, in-8°, 1869.

Vie de la B. Emeline d'Yèvres (diocèse de Troyes), in-8°, 1869.

Les Fêtes chômées dans le diocèse de Troyes, depuis l'origine du christianisme jusqu'en 1802, in-8°, 1869.

Cartulaire de l'abbaye de Boulancourt, de l'ancien diocèse de Troyes, in-8°, 1869.

Les anciens Pouillés des paroisses incorporées au diocèse de Troyes en 1801, in-8°, 1870.

Probationes cultus Sanctorum diœcesis Trecensis, in-4°, 1870.

Documents pour servir à la généalogie des anciens seigneurs de Traînel (Aube), in-8°, 1872.

Reciacus, Les Riceys (Aube), in-8°, 1872

Chartes de l'abbaye de Mores (Aube), in-8°, 1873.

Documents sur l'abbaye de Notre-Dame-aux-Nonnains de Troyes, in-8°, 1874.

Le Trésor de Clairvaux, du XIIe au XVIIIe siècle, in-8°, 1875.

Le prieuré de Sainte-Scholastique (Aube, c[ne] Saint-André), in-8°, 1875.

Le Dragon (vulgairement dit Chair-Salée) de saint Loup, évêque de Troyes, in-8°, 1876.

Reliques des Trois Tombeaux Saints de Clairvaux : de saint Bernard..., in-8° 1877.

Les principaux Cartulaires du diocèse de Troyes. — T. Ier : *Cartulaire de l'abbaye de Saint-Loup de Troyes*, in-8°, 1875.

T. II : *Cartulaire de l'abbaye du Paraclet*, in-8°, 1878.

T. III : *Cartulaire de l'abbaye de Basse-Fontaine et Chartes de Beauvoir, chef-lieu de l'Ordre Teutonique en France*, in-8°, 1878.

SOUS PRESSE :

Les principaux Cartulaires du diocèse de Troyes. — T. IV : *Cartulaire de l'abbaye de la Chapelle-aux-Planches*. — *Chartes de l'abbaye de Montièrender*, in-8°.

Troyes, imprimerie Brunard, rue Urbain IV, 85.

www.ingramcontent.com/pod-product-compliance
Ingram Content Group UK Ltd.
Pitfield, Milton Keynes, MK11 3LW, UK
UKHW012114240726
13965UKWH00004B/1755